Feines im Glas

Christina Richon

Feines im Glas

Fotos von Ulrike Holsten

Kleinkunst aus dem Glas

Ein Trend aus Frankreich hat unsere Küchen erreicht: »Verrines« heißen die dekorativen Gläschen, in denen kleine Köstlichkeiten, wohl portioniert, serviert werden. Bekannte Pariser Pâtissiers wie Pierre Hermé, Jean-Paul Hevin oder Fauchon begannen vor einigen Jahren damit, ihre Desserts in dieser neuen, transparenten Form anzurichten und lösten damit einen internationalen Trend aus.

Bald waren es auch nicht nur süße Cremes, Mousses und Früchtekreationen, die ins Glas geschichtet wurden, auch Salate, Suppen, Terrinen und Pastetchen fanden ihren Weg ins neue Gefäß. Bunt und kreativ kommen Gerichte für die »Verrines« daher und überraschen durch ihre Vielfältigkeit. Denn fast alles kann ins Glas gefüllt werden und wird damit zum echten Hingucker: ob schön geschichtet, gestapelt, gehäufelt oder einfach nur gefüllt – Gerichte im Glas sorgen neben kulinarischem Genuss immer auch für eine glänzende Inszenierung.

Für den Menueauftakt, für Stehpartys, als Bereicherung für ein Büfett oder als kleiner Snack, Gerichte im Glas fallen auf und sorgen für Überraschung. Lassen Sie sich von den für dieses Buch neu entwickelten Rezepten überraschen und verführen.

Warum im Glas?

Die neue Serviertechnik im Glas erfreut sich deshalb so großer Beliebtheit, weil sie Ihre kulinarischen Kreationen gekonnt in Szene setzt und den Blick aufs Wesentliche lenkt. Zutaten lassen sich farbenprächtig kombinieren, und Sie können dabei intensive Geschmackserlebnisse zusammenstellen.

Darüber hinaus bietet das Servieren im Glas auch eine Menge praktischer Vorteile: Da sich die Gerichte problemlos vorbereiten lassen und direkt im Glas angerichtet oder sogar gegart werden können, ist die Kochtechnik hervorragend für Feiern, Partys, Stehempfänge und Büfetts geeignet. Bei Bedarf können die Gerichte kühl gestellt oder wieder aufgewärmt werden.

Glas ist außerdem geschmacksneutral, sodass ein unverfälschter Geschmack der Gerichte gewährleistet ist. Spezialglas ist sogar hitzebeständig und kälteresistent. Die porenfreie Oberfläche des Glases lässt sich schnell und einfach reinigen, sodass Sie nicht noch Stunden mit dem Abwasch verbringen müssen.

Angaben zu den Rezepten

Die Rezepte in diesem Buch sind jeweils für sechs Portionen konzipiert. Eine Portion entspricht dabei einer normalen Vorspeisen- oder Dessertmenge in einem Glas von 200 bis 250 ml Inhalt. Bei Minigläschen reicht dieselbe Menge für zwölf Gläschen von 100 bis 125 ml.

Verschiedene Gläser

Auch bei der Auswahl eines passenden Glases sind Ihrem Einfallsreichtum keine Grenzen gesetzt: Robuste Teelichtgläser, gläserne Auflaufförmchen, Tee-, Eier- oder Einmachgläser eignen sich ebenso wie Sektflöten, Dessertschalen, Champagnerkelche, Eisbecher, Likör-, Martini-, Whisky-, Wein-, Wasser-, Bowlen- oder Cognacgläser. Bauhaus-Fans bevorzugen den Design-Klassiker »Eierkoch« von Wilhelm Wagenfeld aus den 30er-Jahren. Auch grazile, orientalische Teegläser oder gläserne Espressotassen sind originell und dekorativ.

Preiswerte Glasalternativen sind leere Joghurt- oder Marmeladegläser, die sich besonders gut für Picknicks, Gartenpartys, Strandpartys oder Kindergeburtstage eignen.

Für große Gesellschaften bieten sich Weinprodukgläser oder durchsichtige Plastikbecher (mit oder ohne Standfuß) an.

Bei warmen Speisen sollte allerdings darauf geachtet werden, dass Sie dickwandige und hitzefeste Gläser benutzen. Geeignet sind spezielle Gläser aus hitzefestem Material, aber auch Teegläser, Marmeladegläser oder Weckgläser.

Das passt rein:

Shooter, Schnapsglas	50 ml
Likörglas	50–100 ml
Aperitif (Becherglas)	80 ml
Cocktailglas	60–100 ml
Martiniglas	150 ml
Longdrinkglas	200–300 ml
Whiskyglas	150–300 ml
Tumbler	250 ml
Margaritaglas	200–250 ml
Weinglas	150–250 ml

Nützliche Helfer

Löffel Zum Schichten von Gemüse- und Fruchtwürfeln, Reis, Couscous und Polenta ist ein kleiner Mokkalöffel bei kleinen Gläsern (1), ein Longdrinklöffel bei großen Gläsern praktisch.

Spritzbeutel Zum Befüllen der Gläser eignet sich für halbflüssige Konsistenzen wie Cremes, Mousses und Pürees ein Spritzbeutel (2) mit verschiedenen Aufsätzen. Alternativ kann man auch einen Gefrierbeutel verwenden und hiervon eine Spitze abschneiden.

Trichter/Messbecher Flüssige Speisen lassen sich am besten mit einem Trichter oder einem Messbecher mit Ausgießer sauber portionieren.

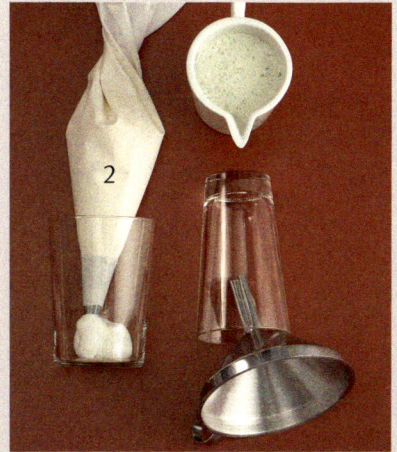

Kugelausstecher Mit diesem Spezial-löffel in Kugelform (3) sticht man beispielsweise aus Melonen, Gurken oder Kürbis kleine Bällchen ab und bringt das Fruchtfleisch so in eine dekorative Form.

Zestenreißer Ein besonderes Aroma bekommen Gerichte durch die Schale von unbehandelten Zitrusfrüchten. Für feine und dekorative Streifen sorgt der Zestenreißer (4).

Mikroreibe Auf ihr lassen sich Ingwer, Muskatnuss, Zitronenschale, Knoblauch und vieles mehr fein reiben (5) – so verleihen Sie Ihrem Gericht eine besondere Note.

Pipette/Einwegspritze Zum genauen Dosieren oder Platzieren von farbigen Fruchtsirups, Alkoholika oder anderen Flüssigkeiten eignen sich eine Pipette (6) oder eine Einwegspritze (7) aus der Apotheke.

Cool geschichtet

Beeindruckend von Anfang an:
Schon der erste Gang kann Gäste kulinarisch
auf Hochtouren bringen – wenn Vorspeisen
und Salate in bildschöner Transparenz
auf den Tisch kommen.
Die raffinierten Entrées mit neuen Multi-Kulti-
Aromen machen ganz einfach Lust auf mehr.

Ziegenkäse-Tiramisu

ZUBEREITUNG *20 Min.*
KÜHLZEIT *2 Std.*
FÜR *6 Gläser à 200 ml*

FÜR DIE TOMATENSAUCE

4 Tomaten
1 EL Balsamico-Essig
1 EL Olivenöl
2–3 Tropfen Tabascosauce

FÜR DIE KÄSECREME

150 g Ziegenfrischkäse
3 EL Naturjoghurt

FÜR DIE BASILIKUMSAUCE

1 Bund Basilikum
1/2 Bio-Zitrone
5 EL Olivenöl
ca. 100 ml heiße Gemüsebrühe

AUSSERDEM

Salz | schwarzer Pfeffer aus der Mühle
ca. 4 Scheiben Olivenbrot
(je nach Größe des Brots)
6 Kirschtomaten
Olivenöl mit Limetten- oder
Zitronenaroma

1 Die Tomaten kreuzweise einritzen, mit heißem Wasser überbrühen und häuten. Tomaten halbieren, entkernen und mit dem Stabmixer pürieren. Balsamico-Essig und Olivenöl untermischen, mit Tabasco, Salz und Pfeffer abschmecken.

2 Für die Käsecreme den Ziegenfrischkäse mit Joghurt pürieren. Mit Salz und Pfeffer abschmecken.

3 Das Basilikum waschen, trocknen, die Blättchen abzupfen und klein schneiden. (6 Blättchen zum Anrichten beiseitelegen.) Die Zitrone heiß abwaschen, trocknen und die Hälfte der Schale fein abreiben. Den Saft auspressen. Alles zusammen mit dem Olivenöl pürieren, dabei so viel heiße Gemüsebrühe dazugeben, dass eine homogene Masse entsteht. Mit wenig Salz und Pfeffer abschmecken.

4 Das Olivenbrot toasten, entrinden und fein zerkrümeln. Die Hälfte der Krümel in die Gläser verteilen. Darauf etwas Tomatensauce geben, dann etwas Käsecreme und mit Basilikumsauce abschließen. Nochmals Krümel darauf verteilen und den ganzen Vorgang wiederholen. Mit Basilikumsauce enden. Mit je 1 Kirschtomate (je nach Größe halbiert) und 1 Basilikumblatt dekorieren. Mit wenig Limetten-Olivenöl beträufeln und etwas grob gemahlenen Pfeffer darübermahlen. Mindestens 2 Std. kalt stellen.

Algensalat mit Knoblauchkrokant

ZUBEREITUNGSZEIT *25 Min.*

FÜR *6 Gläser à 250 ml*

FÜR DEN KNOBLAUCHKROKANT

2 kleine Knoblauchzehen

2 EL Cashewkerne

2 EL Erdnusskerne

2 EL Sesamsamen

Salz | schwarzer Pfeffer aus der Mühle

2 EL Zucker

FÜR DEN SALAT

60 g Algen, in Salz eingelegt

1 reife Avocado

1 große Bio-Zitrone

150 g leicht geräuchertes Lachsrücken-filet, am Stück (ersatzweise geräucherte Lachsscheiben)

1/2 Bund Schnittlauch

2 Msp. Wasabi-Paste

2 EL Crème fraîche

Salz | schwarzer Pfeffer aus der Mühle

1 Für den Krokant Knoblauch schälen, vom Keim befreien und hacken. Die Nüsse grob hacken und mit dem Sesam in einer beschichteten Pfanne goldgelb rösten. Den Knoblauch dazugeben, salzen, pfeffern und den Zucker darüberstreuen. Unter Rühren karamellisieren lassen. Der Karamell soll nicht zu dunkel werden, sonst schmeckt er bitter. Die Masse auf ein Blatt Backpapier streichen und erkalten lassen.

2 Gleichzeitig die Algen in kaltem Wasser einlegen, waschen, abtropfen lassen. Eventuelle Verschmutzungen wie Muschelstücke oder Sand entfernen. Diesen Vorgang wiederholen. Ist die Alge noch zu salzig, ein drittes Mal waschen und abtropfen lassen; die Algen sollten nicht zu lange im Wasser liegen, sonst verlieren sie ihren Geschmack. Die abgetropften Algen in mundgerechte Stücke schneiden.

3 Die Avocado halbieren, den Stein entfernen und das Fruchtfleisch in Würfel schneiden. Zitrone heiß waschen, trocknen und die Hälfte der Schale fein abreiben, den Saft auspressen. Die Avocadowürfel in einer Schüssel mit dem Zitronensaft beträufeln. Den Lachs in kleine Würfel schneiden und unter die Avocadowürfel mengen. Den Schnittlauch waschen, trocken schleudern, in feine Röllchen schneiden und mit Wasabi und Crème fraîche vermischen. Unter den Salat mischen.

4 Die Algenstücke mit dem übrigen Salat mischen und mit Salz, Pfeffer, Zitronensaft und -schale abschmecken. In die Gläschen einfüllen und mit der Krokantmasse bestreuen.

Grünkern-Taboulé mit Roastbeef

ZUBEREITUNG *35 Min.*

FÜR *6 Gläser à 200 ml*

....

2 EL neutrales Salatöl (z. B. Rapsöl)

100 g Grünkern-Grieß (s. Tipp)

1/4 l Gemüsebrühe

1 Knoblauchzehe

1 Lorbeerblatt

1 Zweig Liebstöckel (nach Belieben)

2 Tomaten

1/2 Gurke

1 Schalotte

1/4 Bund Schnittlauch

1/2 Bund glatte Petersilie

1/2 Bio-Zitrone

2 EL Haselnuss- oder Walnussöl

1 EL Weißweinessig

1 Prise Muskatblüte

Salz | schwarzer Pfeffer aus der Mühle

2 EL Haselnusskerne

12 Scheiben Roastbeef, fein geschnitten

6 Holzspieße

1 1 EL Öl in einem Topf erhitzen, den Grünkern darin anschwitzen. Mit Brühe aufgießen. Knoblauch schälen, mit Lorbeerblatt und Liebstöckel dazugeben und den Grünkern bei schwacher Hitze zugedeckt 10–20 Min. garen (je nach Körnung des Grünkerns). Abkühlen lassen, Knoblauch, Lorbeerblatt und Liebstöckel entfernen.

2 Tomaten und Gurke waschen, Schalotte schälen und alles in kleine Würfel schneiden. Mit dem abgekühlten Grünkern-Grieß mischen. Die Kräuter waschen und fein hacken. Die Zitrone heiß waschen, trocknen und etwas Schale fein abreiben, die Zitrone auspressen. Salat mit dem restlichen Salatöl, Nussöl und Essig anmachen. Mit Zitronensaft und etwas -schale, Muskatblüte, Salz und Pfeffer abschmecken. Die Haselnüsse in einer Pfanne trocken rösten, dann grob hacken. Taboulé-Salat in Gläser einfüllen, mit gehackten Haselnüssen bestreuen.

3 Die Roastbeef-Scheiben spiralartig auf die Spieße ziehen und über die Gläser legen bzw. hineinstellen.

Tipp:

....

Grünkern-Grieß bekommen Sie im Reformhaus oder in gut sortierten Lebensmittelgeschäften.

Forellensalat mit Pistazienknusperchen

ZUBEREITUNG *30 Min.*

FÜR *6 Gläser à 250 ml*

100 g gemischte Blattsalate
(z. B. Chicorée, Portulak, Radicchio)
60 g Sojasprossen
ca. 2 EL gemischte Kräuter (Schnittlauch, Kerbel, Petersilie, Koriandergrün)
1 Eigelb | 1 EL Sahne
2 Blätter Filoteig (oder Strudel- oder
Blätterteig)
2 EL gehackte Pistazienkerne
180 g geräuchertes Forellenfilet

FÜR DAS DRESSING
1 kleine Schalotte
1–2 cm Ingwer
ca. 1 TL scharfe Garnelenpaste oder
andere Thai-Paste (Asia-Laden)
1 EL Zucker
ca. 3 EL Thai-Fischsauce
3 EL Limettensaft
3 EL neutrales Salatöl (z. B. Erdnuss-
oder Sonnenblumenöl)
schwarzer Pfeffer aus der Mühle

1 Den Backofen auf 180° vorheizen. Die Salate, die Sojasprossen und die Kräuter waschen und trocken schleudern. 1 EL Sojasprossen und einige kleinere, schöne Chicorée-Spitzen für die Dekoration beiseitelegen. Die Kräuter klein schneiden und die Salate in mundgerechte Stücke schneiden.

2 Eigelb und Sahne verquirlen. Die Filoblätter in 5 x 10 cm große Rechtecke (= 12 Stück) schneiden und mit dem Eigelb bestreichen, mit den Pistazien bestreuen. Auf ein mit Backpapier ausgelegtes Backblech legen und im Backofen (Mitte) in 7 Min. goldgelb und knusprig backen.

3 Für das Dressing Schalotte und Ingwer schälen und fein hacken. Die Garnelenpaste je nach Schärfe dosieren und mit den übrigen Zutaten mischen. Die Salatsauce mit schwarzem Pfeffer abschmecken.

4 1 EL gehackte Kräuter in die Salatsauce geben. Die restlichen Kräuter mit den Blattsalaten mischen. Die Forellenfilets in kleine Würfel schneiden und mit den Salaten und Sojasprossen in die Gläschen einschichten. Mit den beiseitegelegten Sojasprossen und Chicorée-Spitzen abschließen. Die Salatsauce darübergießen. Mit den Pistazienknusperchen servieren.

Gemüsesalat aus Malaga

MARINIERZEIT *12 Std.*
ZUBEREITUNG *30 Min.*
KÜHLZEIT *2 Std.*
FÜR *6 Gläser à 200 ml*

....

50 g Rosinen
6 EL Malaga-Wein (spanischer
Süßwein, alternativ: Portwein)
25 g Pinienkerne
25 g Mandelsplitter
200 g Aubergine
200 g kleine Zucchini
1 Knoblauchzehe
4–5 EL Olivenöl
1 Bio-Zitrone
Salz | schwarzer Pfeffer aus der Mühle
2 Stängel Pfefferminze
3 Tomaten
1 Schalotte
1/2 Bund glatte Petersilie
gemahlener Kreuzkümmel

1 Rosinen in einem Sieb abbrausen, abtropfen lassen. Im Süßwein marinieren lassen, am besten über Nacht.

2 Eine beschichtete Pfanne erhitzen, Pinienkerne und Mandelsplitter darin goldgelb rösten. Auf einen Teller geben und beiseitestellen. Aubergine und Zucchini waschen, in kleine Würfel schneiden. Knoblauch schälen und fein hacken. 2 EL Olivenöl in der Pfanne erhitzen, die Auberginenwürfel darin ca. 3 Min. anbraten. Zucchini, Knoblauch und restliches Öl dazugeben und das Gemüse knapp weich dünsten.

3 Zitrone heiß abspülen, trocknen und die Hälfte der Schale fein abreiben. Den Saft auspressen. 2 EL Zitronensaft zum Gemüse geben, salzen und pfeffern. Minze waschen, trocknen, die Blättchen fein hacken und mit den abgetropften Rosinen, der Hälfte von Mandeln, Pinienkernen und Zitronenschale unter das Gemüse mischen.

4 Tomaten kurz mit kochendem Wasser überbrühen, häuten, vierteln und entkernen. Das Fruchtfleisch in kleine Würfel schneiden. Schalotte schälen. Petersilie waschen, trocknen und beides fein hacken. Alles vermischen, salzen, pfeffern und mit wenig Zitronensaft und 2 Prisen Kreuzkümmel abschmecken.

5 Tomatenwürfel in die Gläser füllen, Gemüsemasse daraufgeben. Mit den restlichen Mandelsplittern, Pinienkernen und Zitronenschale bestreuen. Den Salat mindestens 2 Std. kalt stellen. Mit gerösteten Weißbrotscheiben servieren.

Schichtsalat mit Hühnerleber und Granatapfel

ZUBEREITUNG *30 Min.*
FÜR *6 Gläser à 250 ml*

2 EL Walnusskerne
200 g Hühnerleber
2 EL Olivenöl
2 Zweige Rosmarin
Salz | schwarzer Pfeffer aus der Mühle
1 Schalotte
1 Bio-Zitrone
1 EL Granatapfelsirup
(türkischer Lebensmittelladen)
3 EL Walnussöl
1–2 EL Rotweinessig
1 Granatapfel
200 g Feldsalat

1   Walnüsse in einer Pfanne trocken rösten, grob hacken und beiseitestellen. Leber mit Küchenpapier trocken tupfen, die weißen Häutchen wegschneiden. Leber in mundgerechte Stücke schneiden. Olivenöl in der Pfanne erhitzen. 1 Rosmarinzweig darin anbraten, dann die Leber dazugeben und bei schwacher Hitze ca. 5 Min. braten. Mit Salz und Pfeffer würzen, herausnehmen und abdecken. Schalotte abziehen, fein würfeln und ins heiße Fett geben.

2   Zitrone heiß waschen und abtrocknen, 1 TL Schale abreiben und 1 EL Zitronensaft auspressen. Beides mit Granatapfelsirup, Walnussöl und Essig in das heiße Fett geben und kurz aufkochen lassen. Die Sauce vom Herd nehmen und mit Salz und Pfeffer abschmecken.

3   Den Granatapfel halbieren, über eine Schüssel halten und mit einem Kochlöffel auf die Hälften schlagen, sodass die Kerne in die Schüssel springen. Feldsalat waschen und trocken schleudern. Salat in die Gläser füllen, Leberstücke, Granatapfelkerne und gehackte Walnüsse einschichten, mit Salatsauce beträufeln. Den Vorgang in derselben Reihenfolge wiederholen.

....

500 g gegarte Rote Bete (im Folienpack)
4 EL Crème fraîche
1/2 TL gemahlener Kreuzkümmel
Kräutersalz | schwarzer Pfeffer
3 EL Walnussöl | 2 EL Rotweinessig
1 TL gehackter Dill | 3 Matjesfilets
1 kleine Essiggurke
1 1/2 TL Schnittlauchröllchen
25 g Rote-Bete-Sprossen (Reformhaus)

Rote-Bete-Trilogie

1 300 g Rote Bete mit 3 EL Crème fraîche und Kreuzkümmel mit dem Stabmixer fein pürieren. Mit Kräutersalz und Pfeffer abschmecken. Mousse in die Gläser verteilen. Restliche Rote Bete fein würfeln und mit Walnussöl, Essig, Dill, Salz und Pfeffer mischen. Etwas marinieren lassen.

2 Matjes gegebenenfalls häuten und mit der Essiggurke klein würfeln. Beides mit der restlichen Crème fraîche und Schnittlauch verrühren. Mit Pfeffer würzen. Diese Masse auf die Rote-Bete-Mousse schichten. Darauf kommen die Rote-Bete-Würfel und zum Abschluss die Rote-Bete-Sprossen. Mit der zurückgebliebenen Marinade beträufeln.

....

1 Charentais-Melone
3 EL Marsala (italienischer Dessertwein)
Salz | schwarzer Pfeffer aus der Mühle
1 kleine Salatgurke | 1/2 Bio-Zitrone
1 TL mittelscharfer Senf (Balsamico-Senf)
4 EL Öl (am besten geröstetes Mandelöl)
2 TL Basilikumblätter
6 Grissini (italienische Knusperstangen)
6 dünne Scheiben Parmaschinken

Melonen-Gurken-Duo

1 Die Melone halbieren und entkernen. Mit einem Kugelausstecher aus einer Hälfte Kugeln stechen. Restliches Fruchtfleisch mit einem Löffel auskratzen, fein pürieren und mit 1 EL Marsala, Salz und Pfeffer würzen. Das Mus in die Gläser füllen.

2 Die Gurke schälen, halbieren und entkernen. Mit einem Sparschäler feine, nudelartige Streifen abschälen. Zitrone heiß waschen, trocknen und Schale fein abreiben. 1/2 Zitrone auspressen. Gurkenstreifen salzen und mit der Zitronenschale würzen.

3 Aus 2–3 EL Zitronensaft, restlichem Marsala, Senf, Öl, Salz und Pfeffer ein Dressing rühren. Basilikum fein schneiden und unterheben. Melonen und Gurken in die Gläser verteilen, mit dem Dressing beträufeln und mindestens 30 Min. kühl stellen.

4 Grissini mit Schinken umwickeln, halbieren und je 2 Hälften über ein Glas legen.

Thaiwürziges Thunfisch-Allerlei

ZUBEREITUNG *20 Min.*
MARINIERZEIT *1 Std.*
FÜR *6 Gläser à 250 ml*

450 g frisches Thunfisch-Filet
3 EL thailändische Fischsauce
3 EL Limettensaft
1 TL Zucker
250 g Kirschtomaten
3 Frühlingszwiebeln
1 Schalotte
1 kleine rote Chilischote
1/2 Bund Koriandergrün
1/2 Bund Thai-Basilikum
2 EL ungesalzene Erdnusskerne
2 EL Erdnussöl
Salz | schwarzer Pfeffer aus der Mühle
1 Bio-Limette

1 Thunfisch in 2,5 cm große Würfel schneiden. Fischsauce, Limettensaft und Zucker verrühren, Fisch darin 1 Std. marinieren. Würfel herausheben und abtropfen lassen. Die Marinade aufbewahren.

2 Tomaten und Frühlingszwiebeln waschen und in feine Scheiben schneiden. Schalotte abziehen und fein hacken. Chilischote längs halbieren, entkernen und die Fruchthälften in feine Scheiben schneiden. Koriander und Basilikum waschen und grob hacken. Alles in eine Schüssel geben. Erdnüsse in einer beschichteten Pfanne rösten und grob hacken.

3 Das Erdnussöl in der Pfanne erhitzen. Die Thunfischwürfel darin kurz scharf anbraten (ca. 1 Min.). Sie sollen innen roh bleiben. Thunfisch herausheben. Das heiße Fett mit der zurückbehaltenen Marinade ablöschen. Das Ganze über den Thunfisch geben.

4 Thunfisch mit den übrigen Zutaten in der Schüssel mischen und mit Salz und Pfeffer abschmecken. Limette heiß waschen, abtrocknen und in feine Scheiben schneiden. Den Thunfisch in die Gläser einfüllen, mit Erdnüssen bestreuen und mit Limettenscheiben garnieren.

Jakobsmuscheln auf Erbsencreme

ZUBEREITUNG *25 Min.*

MARINIERZEIT *1 Std.*

FÜR *6 Gläser à 200 ml*

....

6 küchenfertige frische, große
Jakobsmuscheln (oder 12 kleine)
2 Passionsfrüchte
1 Limette
2 EL mildes Olivenöl
2 Stängel frische Pfefferminze
Salz | schwarzer Pfeffer aus der Mühle
Zucker
2 Beutel Pfefferminztee
400 g TK-Erbsen
3 EL Crème fraîche
Cayennepfeffer

1 Die Jakobsmuscheln in eine Schüssel legen. Passionsfrüchte öffnen, das Frucht-fleisch mit einem Löffel herausnehmen und durch ein Teesieb in die Schüssel passieren. Einige Kerne für die Dekoration aufheben. 2 EL Limettensaft aus-pressen und mit dem Olivenöl zu den Muscheln geben. Die Pfefferminze waschen, trocken schütteln. 6 Blätter zur Dekoration beiseitelegen. 6–8 Blättchen fein hacken und unter die Marinade mischen. Das Ganze mit etwas Salz, Pfeffer und 1 Prise Zucker abschmecken. Abgedeckt für 1 Std. kühl stellen.

2 Die Teebeutel mit 200 ml kochendem Wasser aufgießen und 10 Min. ziehen lassen. Teebeutel entfernen, den Tee etwas salzen und aufkochen. Die Erbsen hinzufügen und in ca. 7 Min. weich garen. Durch ein Sieb abschütten, dabei den Sud auffangen. Erbsen mit 3–4 EL Sud im Mixer fein pürieren, so viel Sud dazu-geben, dass eine homogene Masse entsteht. Die Crème fraîche unterrühren und mit Salz und Pfeffer würzen. Die Erbsencreme in die Gläschen füllen.

3 Die Jakobsmuscheln aus der Marinade nehmen und in feine Scheiben schneiden, diese kreisförmig auf die Erbsencreme legen. Die Marinade darüberträufeln, mit einigen Passionsfruchtkernen und Pfefferminzblättern dekorieren. Mit etwas Cayennepfeffer bestäuben und servieren.

Schicht für Schicht heiß

Großer Auftritt für gläserne Stars!
Kulinarische Hingucker wie im Sterne-Restaurant
lassen sich auch in der heimischen Küche
zubereiten. Dazu brauchen Sie beste Zutaten,
etwas Geduld und die folgenden
raffinierten Rezepte.

Möhren-Mango-Cappuccino

ZUBEREITUNG *40 Min.*

FÜR *6 hitzefeste Gläser à 250 ml*

400 g Möhren

1 Schalotte

1 Knoblauchzehe

2 cm frischer Ingwer

3 EL Rapsöl

1/2 l Gemüsebrühe

1 Mango

1 Bio-Limette

Tabascosauce

Zucker | Salz

FÜR DEN KOKOSMILCH-SCHAUM

4 Kaffirlimettenblätter (Asia-Laden)

200 ml Kokosmilch

100 g Sahne

1   Möhren, Schalotte, Knoblauch und Ingwer schälen und alles in Stücke schneiden. Das Öl in einem breiten Topf erhitzen. Alles darin anbraten, mit der Gemüsebrühe ablöschen und zugedeckt 20 Min. köcheln lassen.

2   Währenddessen die Limettenblätter fein schneiden. Kokosmilch mit Sahne und Limettenblättern erhitzen und zugedeckt auf der ausgeschalteten Herdplatte 20 Min. ziehen lassen.

3   Die Mango schälen und das Fruchtfleisch in Würfel schneiden. Die Hälfte der Würfel in die Suppe geben und mit einem Stabmixer durchmixen. Die Limette heiß waschen, trocknen und die Schale fein abreiben. Den Saft auspressen. Die Suppe mit Limettensaft, Tabasco, 1 Prise Zucker und Salz pikant abschmecken.

4   Die restlichen Mangowürfel auf die Gläser verteilen und mit der heißen Suppe begießen. Die Kokosmilch durch ein Sieb geben und mit einem Kaffeeschäumer kräftig aufschäumen. Den Kokosschaum auf die Suppe verteilen und mit der Limettenschale bestreuen.

Variante

Alternativ zu den Limettenblättern können Sie auch 3 Stangen Zitronengras nehmen. Diese etwas zerquetschen und in feine Stücke schneiden.

ZUBEREITUNG *20 Min.*

FÜR *6 Gläser à 200 ml*
....

2 EL Pinienkerne

100 g Rucola

150 g Ziegenfrischkäse (z. B. Chavroux)

12 Scheiben luftgetrockneter Roh-
schinken (ca. 200 g)

15 g Butter | 1 EL Olivenöl

6 TL Tannenhonig

1–2 EL Rotweinessig

Kräutersalz

grüner Pfeffer aus der Mühle

Ziegenkäsepäckchen

1 Pinienkerne in einer beschichteten Pfanne goldgelb rösten, auf einem Teller beiseitestellen. Rucola putzen, waschen und trocken tupfen. In die Gläser füllen.

2 Den Ziegenfrischkäse in sechs Stücke schneiden und jedes in je 2 Scheiben Schinken einpacken. Butter und Öl in der Pfanne heiß werden lassen und die Päckchen
darin kurz auf beiden Seiten anbraten (ca. 3 Min. insgesamt).

3 Die Schinkenpäckchen auf den Rucola legen und mit Honig beträufeln. Das Brat-
fett mit dem Essig verrühren, mit wenig Kräutersalz würzen und in die Gläser
gießen. Mit grob gemahlenem grünem Pfeffer und den Pinienkernen bestreuen.

IM BILD

ZUBEREITUNG *20 Min.*

FÜR *6 ofenfeste Gläser à 200 ml*
....

120 g gegarte TK-Shrimps

1 Blatt getrocknete Nori-Alge
(Asia-Laden)

1/4 Bund Schnittlauch

120 g Crème fraîche | 6 Eier

Salz | schwarzer Pfeffer aus der Mühle

1 EL Sesamsamen

etwas Butter für die Förmchen

Eier im Glas mit Algen

1 Backofen auf 170° vorheizen. Shrimps auftauen lassen. Algenblatt mit einer
Schere in feine Streifen schneiden. Einige Streifen für die Deko beiseitelegen. Die
Gläser mit Butter ausstreichen und die Algenstreifen mit den Shrimps einfüllen.
Den Schnittlauch waschen, in feine Röllchen schneiden und mit der Crème
fraîche mischen. In jedes Glas je 2 EL Crème fraîche und 1 Ei setzen. Etwas salzen
und pfeffern. Mit den beiseitegestellten Algenstreifen dekorieren. Gläser mit
Deckel oder Alufolie verschließen.

2 Die Gläschen auf die Fettpfanne des Ofens stellen und diese mit heißem Wasser
bis zur Glashälfte auffüllen. Im Ofen (Mitte) ca. 10 Min. garen, bis das Eiweiß fest
ist. Sesam in einer beschichteten Pfanne goldgelb rösten und mit wenig Salz und
Pfeffer auf die Eier streuen. Warm servieren.

Fenchelcreme mit Parmesanchips

ZUBEREITUNG: *35 Min.*

FÜR *6 Gläser à 200 ml*

700 g Fenchelknollen

15 g Butter

1/2 l Gemüsebrühe

2 Sternanis

50 g Parmesan

1/2 TL Fenchelsamen (Apotheke)

100 g Rinderfilet

1 kleine Schalotte

1 TL Schnittlauch

1 TL Petersilie

Tabascosauce

Salz | schwarzer Pfeffer aus der Mühle

100 g Sahne

1–2 EL Pernod (französischer Anisaperitif)

Zucker

einige Schnittlauchhalme für die Dekoration

1 Den Fenchel waschen, abtrocknen und klein schneiden. Butter in einem Topf schmelzen und die Fenchelstücke darin andünsten. Mit Brühe ablöschen, den Sternanis dazugeben und den Fenchel zugedeckt in ca. 20 Min. weich garen.

2 Den Backofen auf 160° (Umluft 140°) vorheizen. Parmesan fein reiben. Ein Backblech mit Backpapier auslegen. Parmesan darauf in Kreisen von ca. 8 cm Ø verteilen. Fenchelsamen grob mörsern und über die Kreise streuen. Im Ofen (Mitte) ca. 7 Min. backen, bis der Parmesan goldgelb wird. Parmesanchips mit einer Palette vorsichtig abnehmen und zum Entfetten auf Küchenpapier legen.

3 Das Rinderfilet mit einem scharfen Messer sehr fein hacken. Die Schalotte schälen und in kleine Würfel schneiden. Schnittlauch und Petersilie waschen, trocken schleudern und klein schneiden. Alle Zutaten mischen und mit Tabasco, Salz und Pfeffer abschmecken. Bis zum Servieren kühl stellen.

4 Die Suppe mit einem Stabmixer fein pürieren und durch ein Sieb in den Topf streichen. Die Sahne dazugeben und mit Pernod, 1 Prise Zucker, Salz und eventuell Pfeffer abschmecken. Kurz erwärmen.

5 Die Suppe in die Gläser füllen. Jedes Glas mit 1 Parmesanchip halb bedecken. Vom Tatar mit zwei Esslöffeln Nocken formen und vorsichtig auf den Parmesanchip legen. Mit je 2 Schnittlauchhalmen dekorieren.

Mediterraner Artischocken-Flan

ZUBEREITUNG *20 Min.*

GARZEIT *40 Min.*

FÜR *6 hitzefeste Gläser à 200 ml*

....

1 Dose Artischockenherzen
(240 g Abtropfgewicht)
1/2 Bio-Zitrone
1 kleine Knoblauchzehe
6 Eier
2 EL Cynar (Artischocken-Bitter)
150 g Sahne
Salz | schwarzer Pfeffer aus der Mühle
1/2 Bund glatte Petersilie
1 Zweig Zitronenthymian oder
Thymian
6 Blätter Basilikum
20 g Pinienkerne
20 g Pistazienkerne
40 g geriebener Parmesan
1 EL Kapern
etwas weiche Butter für die Gläser

1   Den Backofen mit der Fettpfanne auf 120° vorheizen. Die Artischocken in ein Sieb abgießen, abtropfen lassen und vierteln. Die Zitrone heiß abspülen, trocknen und die Schale fein abreiben, den Saft auspressen. 6 Artischockenviertel beiseitelegen, die anderen würfeln, mit Zitronensaft und -schale mischen.

2   Den Knoblauch schälen. Die Hälfte der Artischockenwürfel mit den Eiern, dem Cynar, 75 g Sahne und dem Knoblauch mit einem Stabmixer fein pürieren. Mit Salz und Pfeffer würzen.

3   Die Gläser mit etwas Butter ausstreichen und die Eiermasse einfüllen. Die restlichen Artischockenwürfel darauf verteilen. Die Kräuter waschen, Blättchen von den Stielen lösen und in eine hohe Schüssel geben. Pinienkerne, Pistazien, Parmesan, Kapern und die restliche Sahne dazugeben. Mit dem Stabmixer aufschlagen und mit Salz und Pfeffer abschmecken. Auf die Eiermasse verteilen. Die Gläschen auf das Backblech stellen; das Blech mit kochend heißem Wasser bis zur Glasmitte auffüllen. Im Ofen (Mitte) 40 Min. garen, bis die Flans fest sind. Mit den zurückgelegten Artischockenvierteln garnieren.

Tipp:
....

Warm servieren, mit einem kleinen Salat als Vorspeise oder als Beilage zu gebratenen Lammkoteletts. Sehr erfrischend auch eiskalt als sommerliche Vorspeise.

Rinderfilet auf
Papaya-Salsa

ZUBEREITUNG *20 Min.*

MARINIERZEIT *1 Std.*

FÜR *6 Gläser à 200 ml*

....

1 kleine Knoblauchzehe

1 cm frischer Ingwer

2 TL Honig

5 EL Sojasauce

1 EL trockener Sherry

1 EL Weißweinessig

Tabascosauce (Menge nach Belieben)

schwarzer Pfeffer aus der Mühle

400 g Rinderfilet

1 große reife Papaya

1 Schalotte

2–3 Stängel Koriandergrün

1 rote Chilischote

4 EL Sonnenblumenöl

2 EL Limettensaft

1 TL brauner Zucker

Salz

1 EL Butterschmalz

einige Stängel Koriander zur

Dekoration

1 Knoblauch und Ingwer schälen und durchpressen. Mit Honig, Sojasauce, Sherry, Essig, Tabasco und Pfeffer verrühren und das Rinderfilet darin 1 Std. marinieren.

2 Die Papaya mit einem Sparschäler schälen und halbieren, die Kerne mit einem Löffel entfernen und das Fruchtfleisch in kleine Würfel schneiden. Die Schalotte schälen und fein hacken. Den Koriander waschen und trocken schütteln, die Blättchen klein schneiden. Die Chilischote waschen, putzen, längs aufschlitzen, entkernen und die Fruchthälften fein hacken. Diese Zutaten in einer Schüssel mischen; Öl, Limettensaft und braunen Zucker dazugeben und mit Salz abschmecken. In die Gläser füllen.

3 Das Fleisch aus der Marinade nehmen und abtropfen lassen. Das Butterschmalz in einer Pfanne erhitzen und das Fleisch darin rundherum in ca. 8 Min. scharf anbraten. In mundgerechte Streifen schneiden, etwas salzen und über die Papaya-Salsa legen. Mit übriger Marinade beträufeln und mit Korianderblättchen anrichten. Sofort servieren.

Maritimer Pot-au-feu

ZUBEREITUNG *35 Min.*

FÜR *6 Bügel- oder Einmachgläser mit*
Gummiring à 250 ml

....

250 g junge Möhren

250 g kleine Fenchelknollen

2 Frühlingszwiebeln

160 g Champignons

Kräutersalz

schwarzer Pfeffer aus der Mühle

1/2 Bio-Zitrone

1 Döschen Safranpulver (0,1 g)

1/4 l heiße Gemüsebrühe

6–12 küchenfertige Jakobsmuscheln
(je nach Größe)

6 geschälte Garnelen

2 Stängel Estragon

6 EL Noilly Prat
(französischer Wermut)

70 g Butter

1 Den Backofen mit der Fettpfanne auf 120° vorheizen. Möhren, Fenchel und Frühlingszwiebeln waschen. Möhren mit einem Hobel längs in feine Streifen schneiden. Den Strunk der Fenchelknollen herausschneiden, eventuell holzige Teile und zähe Fäden entfernen, die Knollen ebenfalls dünn hobeln. Die Frühlingszwiebeln fein hacken. Champignons mit einem Küchentuch abreiben und in feine Scheiben schneiden. Alles abwechselnd in die Gläser schichten und fest hineindrücken. Etwas salzen und pfeffern.

2 Die Zitrone heiß waschen und abtrocknen. Die Schale abreiben und den Saft auspressen. Den Safran in der heißen Brühe auflösen und in die Gläser gießen. Jakobsmuscheln und Garnelen mit einigen Blättchen Estragon darauflegen. Mit etwas Zitronenschale und -saft parfümieren. Jeweils 1 EL Noilly Prat und Butterflöckchen darübergeben. Mit wenig Kräutersalz und Pfeffer würzen.

3 Die Gläser fest verschließen und auf die Fettpfanne stellen. Mit kochend heißem Wasser bis zum Blechrand auffüllen. Ca. 25 Min. im Backofen garen. Die Jakobsmuscheln schmecken besser, wenn sie in der Mitte nicht ganz gar sind.

Karamell-Datteln auf Camembert

ZUBEREITUNG *20 Min.*

FÜR *6 weite hitzefeste Gläser à 200 ml*

....

12 frische Lorbeerblätter

2 Rollen Camembert (à 150 g,

z. B. Géramont Le Snack)

150 g Zucker

1 EL Balsamico-Essig

1 EL Zitronensaft

12 frische Medjool-Datteln

(Riesendatteln)

12 Walnusshälften

1 Den Backofen auf 220° (Umluft 200°) vorheizen. Die Gläser mit Lorbeerblättern auslegen. Camembert-Rollen in sechs Portionen von je 50 g schneiden. Camembert auf das Lorbeerbett setzen und im Backofen ca. 10 Min. garen, bis der Käse innen geschmolzen ist.

2 Inzwischen den Karamell zubereiten. Dazu den Zucker in einem Topf schmelzen, bis ein hellbrauner Karamell entsteht. Mit Balsamico-Essig und Zitronensaft ablöschen; Vorsicht: Es kann spritzen!

3 Die Datteln längs aufschneiden und den Stein entfernen. Entsteinte Datteln und die Walnüsse mit einer Gabel mehrmals durch den Karamell ziehen, sodass sie damit von allen Seiten bedeckt sind.

4 Camembert-Gläschen mit einem Ofenhandschuh aus dem Ofen nehmen und mit den karamellisierten Datteln und Walnüssen garnieren.

Info: Datteln

....

Ihre Heimat liegt ursprünglich am Persischen Golf, wo sie seit 5000 Jahren bekannt sind. Die Medjool-Riesendattel gilt als die größte Dattel der Welt. Die ganze Frucht mit Stein kann 20–30 g wiegen. Diese Sorte hat viel Fruchtfleisch und ist besonders aromatisch. Sie wird in Israel, Nordafrika, den USA und Australien angebaut.

Kürbis-Haselnuss-Suppe

ZUBEREITUNG *30 Min.*

FÜR *6 hitzefeste Gläser à 250 ml*

....

80 g Haselnusskerne

1 Stück Kürbis mit orangefarbenem
Fruchtfleisch (ca. 600 g)

1 Knoblauchzehe

2 EL Haselnussöl

1 TL mildes Currypulver

3/4 l Gemüsebrühe

5 Kardamomkapseln

Salz | schwarzer Pfeffer aus der Mühle

20 g ganze Mandeln

1 TL neutrales Salatöl

1/2 TL scharfes Currypulver

125 g Crème fraîche

1 Die Haselnüsse in einer beschichteten Pfanne trocken rösten; dann auf ein Geschirrtuch legen und die Häutchen abreiben. Haselnüsse beiseitestellen.

2 Den Kürbis schälen, Fasern und Kerne entfernen, das Kürbisfleisch in Würfel schneiden. Den Knoblauch schälen, vom Keim befreien und fein hacken.

3 Das Haselnussöl in einem größeren Topf erhitzen und die Kürbiswürfel mit dem Knoblauch darin anschwitzen. Mit Currypulver bestreuen und mit Brühe ablöschen. Die Kardamomkapseln zerquetschen und in die Suppe geben. Zugedeckt ca. 15 Min. köcheln lassen, bis der Kürbis weich ist. Die Kardamomkapseln herausnehmen und die Haselnüsse in die Suppe geben. Die Suppe mit einem Stabmixer fein pürieren. Mit Salz und Pfeffer abschmecken.

4 Die Mandeln in einer beschichteten Pfanne mit dem Öl vermengen und leicht rösten, bis sie duften. Das Currypulver darüberstreuen und noch kurz weiterrösten. Die Curry-Mandeln grob hacken.

5 Die heiße Suppe in die Gläser einfüllen und jeweils eine Crème-fraîche-Haube daraufsetzen. Mit den Curry-Mandeln bestreuen und sofort servieren.

Köfte im Glas

ZUBEREITUNG: *45 Min.*

FÜR *6 hitzefeste Gläser à 200 ml*

....

4 EL Olivenöl

2 EL Pinienkerne

1 kleine Zwiebel

1 Knoblauchzehe

7 Stängel glatte Petersilie

5 Stängel Koriandergrün

1 Bio-Zitrone

200 g gehacktes Lammfleisch

1 Ei (Größe S)

1/4 TL Zimtpulver

1/4 TL geriebene Muskatnuss

Salz | schwarzer Pfeffer aus der Mühle

2 EL Schwarzkümmelsamen

3 Tomaten

1 Frühlingszwiebel

20 g getrocknete Tomaten

1 EL Orangeat

1 TL Harissa (marokkanische Gewürzpaste)

1/2 TL Worcestersauce

1 Den Backofen auf 180° (Umluft) vorheizen. Ein Backblech mit 2 EL Olivenöl bestreichen. Die Pinienkerne in einer trockenen beschichteten Pfanne rösten und grob hacken. Zwiebel und Knoblauch schälen und fein würfeln. Die Kräuter waschen, trocken schütteln und die Blättchen klein schneiden. Einige Blättchen Petersilie zum Anrichten beiseitelegen. Die Zitrone heiß waschen, abtrocknen und die Schale fein abreiben. Die Hälfte der Schale für den Tomaten-Tatar beiseitestellen.

2 Alle vorbereiteten Zutaten mit Lammhack und Ei in einer Schüssel vermengen. Mit Zimt, Muskat, Salz und Pfeffer abschmecken. Mit nassen Händen 12 walnussgroße Bällchen formen, diese mit Schwarzkümmel bestreuen und etwas andrücken. Die Bällchen auf das Blech setzen und im Ofen 20 Min. garen.

3 In der Zwischenzeit das Tomaten-Tatar zubereiten. Tomaten und Frühlingszwiebel waschen, putzen und klein würfeln. Die getrockneten Tomaten und das Orangeat fein hacken. Alles mit dem restlichen Olivenöl, Harissa und Worcestersauce vermengen. Mit der beiseitegestellten Zitronenschale, Salz und Pfeffer abschmecken.

4 Das Tatar in die Gläschen füllen, die heißen Lammbällchen daraufsetzen und mit einigen Blättchen Petersilie dekorieren.

Tortilla auf Paprikaschaum

ZUBEREITUNG *45 Min.*

FÜR *6 Gläser von 200 ml Inhalt*

FÜR DIE TORTILLA

250 g mehligkochende Kartoffeln

1 große Zwiebel

2 EL Olivenöl

3 Eier

1 Döschen gemahlener Safran (0,1g)

Salz | schwarzer Pfeffer aus der Mühle

FÜR DEN PAPRIKASCHAUM

400 g rote Paprikaschoten

2 EL Olivenöl

50 ml Gemüsebrühe

1/2 TL mildes Paprikapulver

60 g Crème fraîche

Salz | schwarzer Pfeffer aus der Mühle

AUSSERDEM

80 g Chorizo (scharfe spanische Paprikawurst)

6 Holzspieße

1 Die Kartoffeln schälen, waschen und in kleine Würfel schneiden. Die Zwiebel schälen und in feine Spalten schneiden. 2 EL Olivenöl in einer beschichteten Pfanne mit hitzebeständigem Griff (20 cm Ø) erhitzen, die Zwiebelspalten anbraten, die Kartoffelwürfel dazugeben und mitbraten. Bei schwacher Hitze zugedeckt 15 Min. garen.

2 Inzwischen den Backofen auf 200° vorheizen. Die Chorizo häuten und in dünne Scheiben von 2 mm schneiden; die Stücke auf die Holzspieße aufziehen.

3 Die Eier mit Safran, Salz und Pfeffer verquirlen und über die Kartoffelmasse gießen. Die Pfanne in den Ofen stellen und die Tortilla in ca. 15 Min. goldgelb backen. Die Chorizo-Spieße während der letzten 10 Min. mitbraten. Die Spieße dann zum Entfetten auf Küchenpapier legen.

4 Für den Paprikaschaum die Paprikaschoten waschen, halbieren, entkernen und die Fruchthälften in Stücke schneiden. 2 EL Olivenöl in einer Pfanne erhitzen, Paprikastücke darin kurz anbraten, mit Brühe ablöschen. Zugedeckt 5 Min. garen. Mit einem Stabmixer fein pürieren, dabei Paprikapulver und Crème fraîche dazugeben. Mit Salz und Pfeffer abschmecken.

5 Sobald die Tortilla fertig ist, den Paprikaschaum nochmals aufschäumen und in die Gläser füllen. Die Tortilla in Würfel schneiden und darüberlegen. Mit den Chorizo-Spießen servieren.

Kleine Sünden glasklar angerichtet mit Geschmack und Fantasie. Bunt, lecker und unwiderstehlich: Lassen Sie sich von neuen Aromakombinationen mit Früchten, Nüssen und Milchprodukten verführen. Wer möchte schon diesen süßen Winzlingen widerstehen?

Erfrischung von Orange und Drachenfrucht

ZUBEREITUNG *45 Min.*
RUHEZEIT *2 Std.*
FÜR *6 Gläser à 250 ml*

....

1/2 Vanilleschote
1/4 l frisch gepresster Orangensaft
75 g Zucker
1/2 TL Sichuan-Pfeffer (ersatzweise
schwarzer Pfeffer)
2 Pitahayas (Drachenfrucht;
aromatische Kakteenfrüchte)
4 Orangen
1 kleine Bio-Limette
6 Kugeln Joghurteis

Tipp: Früchte vorbereiten
....

Die Früchte können bereits schon am
Vortag mariniert und über Nacht kühl
gestellt werden.

1 Die Vanilleschote längs aufschlitzen, das Mark mit einem spitzen Messer heraus-lösen. Orangensaft mit Schote, Mark, Zucker und Sichuan-Pfeffer zu einem Sirup kochen. Abkühlen lassen.

2 Die Pitahaya-Früchte halbieren und das Fruchtfleisch mit einem Kugelausstecher ausstechen. Die Orangen mit einem scharfen Messer so schälen, dass die weiße Haut vollständig entfernt wird. Die Fruchtfilets zwischen den Trennwänden he-rausschneiden, dabei den austretenden Saft auffangen. Die Limette heiß waschen, trocknen und mit der Schale in feine Scheiben schneiden. 3 Limettenscheiben halbieren und für die Dekoration beiseitestellen, die restlichen Scheiben unter die Orangenfilets mischen.

3 Den Sirup durch ein Sieb gießen und mit den Früchten und dem ausgetretenen Orangensaft mischen. 2 Std. kühl stellen. Marinierte Früchte mit deren Saft in die Gläser füllen und je 1 Kugel Joghurteis daraufsetzen. Mit den halben Limetten-scheiben dekorieren und sofort servieren.

Cassis-Feigen-Tiramisu

ZUBEREITUNG *35 Min.*

RUHEZEIT *2 Std.*

FÜR *6 Gläser à 250 ml*

....

FÜR DIE FEIGEN

1 Stange Zimt

75 g Zucker

1/4 l Schwarzer Johannisbeersaft

2 Gewürznelken

6 frische, reife Feigen

....

FÜR DIE CREME

3 sehr frische Bio-Eier (M)

375 g Mascarpone

150 g Sahne

Chilipulver

2 Päckchen Bourbon-Vanillezucker

Salz

1 Biskuitboden (siehe Rezept S. 74)

oder ca. 15 Löffelbiskuits

2 EL Macadamianüsse

1 Für die Cassis-Feigen die Zimtstange halbieren. Den Zucker in einem Topf erhitzen, bis er anfängt zu karamellisieren. Mit Johannisbeersaft ablöschen, Zimt und Nelken dazugeben. Offen 10 Min. sprudelnd kochen lassen. Die Feigen waschen, in den heißen Sud legen und auskühlen lassen.

2 Für die Creme die Eier trennen. Mascarpone, Sahne und 2–3 Prisen Chilipulver verrühren, die Eigelbe unterrühren. Die Eiweiße mit Vanillezucker und 1 Prise Salz steif schlagen und unter die Mascarponemasse heben.

3 Die Feigen aus dem Sud nehmen und in knapp 1 cm breite Scheiben schneiden; die Endstücke aufbewahren. Aus dem Biskuitboden 6 kleine Teigkreise ausstechen bzw. die Biskuits zurechtschneiden und eine Schicht in die Gläser legen. Mit Feigensud beträufeln, 1 Feigenscheibe daraufsetzen, die Mascarponecreme darübergeben. Diesen Vorgang wiederholen, bis die Gläser fast voll sind. Mit dem Endstück der Feige abschließen.

4 Nüsse in einer trockenen Pfanne rösten, grob hacken. Über die Tiramisu streuen, mindestens 2 Std. kalt stellen.

Joghurtrisotto mit Aperol-Jus

ZUBEREITUNG *45 Min.*

FÜR *6 Gläser à 250 ml*

400 g Rhabarber

1 cm Ingwer

100 g Zucker

4 Stangen Zitronengras

1/2 Vanilleschote

110 g Risottoreis (z. B. Carnaroli)

oder Milchreis

450 ml Vollmilch

50 g Zucker | Salz

150 g Sahnejoghurt (10 % Fett)

200 g Erdbeeren

5 EL Aperol (italienischer Bitterlikör)

Variante:

Statt Rhabarber können Sie säuerliche Äpfel zu Kompott kochen (etwas weniger Zucker nehmen). Dazu passen dann Himbeeren besser.

1 Rhabarber waschen, putzen und klein schneiden (etwa 1 cm breit). Ingwer schälen und fein reiben. Rhabarber mit Zucker und Ingwer in einen Topf geben. Kurz aufkochen und zugedeckt bei schwacher Hitze in ca. 5 Min. garen. Etwas abkühlen lassen. Die Stücke in ein Sieb geben, den Saft auffangen.

2 Zitronengras zerquetschen und in Stücke schneiden. Vanilleschote längs halbieren. Reis mit Zitronengras, Vanilleschote, Milch, Zucker und 1 Prise Salz unter Rühren zum Kochen bringen. Bei schwacher Hitze 20–25 Min. köcheln, dabei regelmäßig rühren. Den Reis abkühlen lassen, Zitronengras und Vanilleschote entfernen und den Joghurt unterrühren.

3 Die Erdbeeren waschen, 6 kleine Erdbeeren mit Kelch für die Dekoration beiseitelegen, restliche Erdbeeren putzen. Mit dem Rhabarbersaft und 5 EL Aperol mit einem Stabmixer fein pürieren. Durch ein Sieb streichen.

4 Eine Lage Rhabarber in die Gläser geben, Risotto darüberschichten, dann wieder Rhabarber einfüllen und mit Risotto abschließen. Erdbeersauce daraufgießen und mit 1 Erdbeere garnieren.

Lavendelschaum auf Rosmarin-Apfel

ZUBEREITUNG *45 Min.*

KÜHLZEIT *30 Min.*

FÜR *6 Gläser à 200 ml*

....

FÜR DAS APFELRAGOUT

3 säuerliche Äpfel

2 EL Zitronensaft

2 EL Zucker

1 Zweig Rosmarin

....

FÜR DEN LAVENDELSCHAUM

2 TL getrocknete Lavendelblüten (Apotheke)

200 ml Apfelsaft

70 g Zucker

3 EL Rote-Bete-Saft (Reformhaus)

6 Eigelbe

200 g Sahne

6 Stängel Lavendel zum Anrichten

1 Für das Apfelragout die Äpfel schälen, von Kerngehäusen befreien und die Fruchtstücke klein würfeln. Apfelstücke mit Zitronensaft beträufeln. In einer Pfanne den Zucker karamellisieren lassen. Rosmarinzweig mit den Apfelwürfeln dazugeben und im Karamell schwenken. 2 Min. zugedeckt köcheln lassen, vom Herd nehmen und abkühlen lassen. Rosmarinzweig entfernen und das Apfelragout in die Gläser füllen.

2 Die Lavendelblüten mit Apfelsaft und Zucker in einem Topf aufkochen. Abkühlen lassen und durch ein Sieb gießen.

3 Rote-Bete-Saft mit den Eigelben in einer Metallschüssel verrühren. Den abgekühlten Lavendelsaft mit einem Schneebesen nach und nach unterschlagen. Die Masse über einem heißen Wasserbad in ca. 10 Min. zu einer dicken Creme aufschlagen. Vorsicht! Das Wasser darf dabei nicht zu stark kochen, sonst stockt das Eigelb. Den Schaum abkühlen lassen und 30 Min. kalt stellen.

4 Die Sahne steif schlagen und unter den kalten Lavendelschaum heben. Auf das Apfelragout verteilen und die Gläser mit je 1 Lavendelstängel dekorieren.

Tipp

Ein Dessert für Aroma-Fans: Die Kombination von Rosmarin und Lavendel ist etwas anspruchsvoll und erfordert Experimentierfreude.

Hibiskus-Gelee mit Pfirsich

ZUBEREITUNG *45 Min.*

RUHEZEIT *4 Std.*

FÜR *6 Gläser à 250 ml*

···

FÜR DIE BASILIKUMSAHNE

20 Basilikumblätter

10 g Zucker

250 g Sahne

···

FÜR DAS GELEE

5 Beutel Hibiskustee

1 Vanilleschote

200 ml trockener Weißwein

80 g Blütenhonig

1 TL Koriandersamen

1 Stange Zimt

6 reife Pfirsiche

4 Blatt Gelatine

2 EL Orangenlikör

(z. B. Grand Marnier)

einige Basilikumblätter zur Dekoration

1 Die Basilikumblätter klein schneiden. 200 ml Wasser in einem Topf mit Zucker und Basilikumblättern aufkochen lassen. Offen auf genau 50 ml einkochen und abkühlen lassen. Die Sahne dazugeben und 4 Std. im Kühlschrank durchziehen lassen.

2 Für das Gelee die Teebeutel mit 300 ml kochendem Wasser übergießen und 10 Min. ziehen lassen. Die Vanilleschote längs aufschneiden. Teebeutel herausnehmen und gut ausdrücken. Den Tee mit Weißwein, Honig, Vanilleschote, Koriandersamen und Zimt aufkochen. Die Pfirsiche waschen, halbieren, von Steinen befreien und die Hälften in den heißen Sud legen. Bei schwacher Hitze 10 Min. ziehen lassen. Die Pfirsichhälften wieder herausnehmen, häuten und in Würfel schneiden. Beiseitestellen.

3 Die Gelatine in kaltem Wasser einweichen, ausdrücken und im heißen Sud auflösen. Mit Orangenlikör parfümieren. Durch ein feines Sieb gießen und in die Gläser einfüllen. Mindestens 4 Std. kalt stellen.

4 Die Pfirsichwürfel auf das erstarrte Hibiskusgelee legen. Die Basilikum-Sahne steif schlagen und je 1 Haube auf die Pfirsiche setzen. Mit Basilikumblättern dekorieren und sofort servieren.

Sanbitter-Zitrussalat

ZUBEREITUNG *25 Min.*
MARINIERZEIT *1 Std.*
FÜR *6 Gläser à 250 ml*

....

3 Bio-Orangen
200 ml Sanbitter (italienisches
Aperitifgetränk)
2 Päckchen Bourbon-Vanillezucker
1 cm frischer Ingwer
1 gelbe Grapefruit
1 rosa Grapefruit
5 Kumquats
6 Kugeln Zitronensorbet
einige Minzeblättchen

1 1 Orange heiß waschen, abtrocknen und die Schale fein abreiben. Den Saft von 2 Orangen auspressen und mit Sanbitter und Vanillezucker in einen Topf geben. Die Flüssigkeit auf die Hälfte einkochen lassen. Den Ingwer schälen, fein reiben und mit der Orangenschale in die eingekochte Flüssigkeit rühren. Vom Herd nehmen und abkühlen lassen.

2 Die übrige Orange sowie die Grapefruits mit einem scharfen Messer so schälen, dass die weiße Haut mit abgelöst wird. Nun die Fruchtfilets zwischen den Trennhäuten herausschneiden und in eine Schüssel geben. Die Kumquats heiß waschen und mit der Schale in feine Ringe schneiden, eventuell Kerne entfernen.

3 Die Früchte mit der eingekochten Marinade in eine Schüssel geben und 1 Std. im Kühlschrank durchziehen lassen. Auf die Gläser verteilen und je 1 Kugel Zitronensorbet auf die Früchte setzen. Mit Minzeblättchen garnieren und sofort servieren.

....

12 Cantuccini (italienische Kekse mit ganzen Mandeln)

9 EL Vin Santo

300 g eiskalte Sahne

200 g blaue Weintrauben

200 g grüne Weintrauben (kernlos)

3 EL Mandelblättchen

Cantuccini-Mousse

1 Die Cantuccini in einem Gefrierbeutel mit der Nudelrolle fein zerkleinern. In einer Schale mit Vin Santo beträufeln und abgedeckt 30 Min. ziehen lassen. Sahne cremig schlagen und die Keksmasse darunterziehen.

2 Die Trauben waschen, abtrocknen und halbieren. Bei Bedarf entkernen. Erst blaue Trauben in die Gläser schichten, dann eine Schicht Cantuccini-Mousse darübergeben, darauf grüne Trauben legen. Den Vorgang wiederholen und mit der Mousse abschließen.

3 Die Mandelblättchen in einer beschichteten Pfanne ohne Fett goldgelb rösten und über die Mousse streuen. Mit Traubenhälften garnieren. 2 Std. kalt stellen.

....

1 Biskuitboden (s. Seite 74 oder Fertigprodukt)

6 EL + 15 ml Zitronensaft

4 Stängel Zitronenverbene oder

5 Minzeblätter

300 g Sahne | 20 g Puderzucker

100 g Magerquark | 100 g Joghurt

300 g Heidelbeeren oder gemischte Beeren (TK) | 6 EL Limoncello (italienischer Zitronenlikör) | 100 g Lemon-Curd (s. Seite 74 oder Fertigprodukt)

Lemonquark

1 Aus dem Biskuit Kreise, etwas kleiner als der Glasrand, ausstechen. Jeden mit 1 EL Zitronensaft tränken. Zitronenverbene waschen, abzupfen und fein hacken.

2 Sahne mit Puderzucker steif schlagen. Quark, Joghurt und 15 ml Zitronensaft cremig rühren, die Sahne unterheben. Bis zum Servieren kühl stellen.

3 Die Heidelbeeren verlesen, einige zur Dekoration beiseitelegen. Die restlichen Beeren mit Limoncello und Kräutern mischen. Diese Mischung in die Gläser füllen. Die Biskuitkreise darauflegen und eine Schicht Lemon-Curd einfüllen. In jedes Glas eine Haube Quarkschaum setzen. Mit den übrigen Heidelbeeren dekorieren und sofort servieren.

Kräuter-Panna cotta mit Würzpflaumen

ZUBEREITUNG *35 Min.*

MARINIERZEITEN *12 + 4 Std.*

FÜR *6 Gläser à 150 ml*

....

FÜR DIE WÜRZPFLAUMEN

200 ml Rotwein

1 EL Balsamico-Essig

1 EL Zucker

1 Blatt frischer Lorbeer

3 Gewürznelken

1 Stange Zimt

12 getrocknete, entsteinte Pflaumen

....

FÜR DIE PANNA COTTA

4 Blatt weiße Gelatine

1 Vanilleschote

1 Bio-Orange

1/2 Bund Pfefferminze

2 Stängel Basilikum

400 g Sahne

200 ml Vollmilch

35 g Zucker

1 Bereits am Vorabend mit der Zubereitung der Pflaumen beginnen. Alle Zutaten dafür in einen Topf geben und aufkochen. Mindestens 3 Min. köcheln lassen. Zugedeckt über Nacht marinieren lassen. Am nächsten Tag die Pflaumen herausnehmen, die Marinade in ca. 5 Min. sprudelnd auf die Hälfte einkochen lassen.

2 Für die Panna cotta die Gelatine in kaltem Wasser einweichen. Die Vanilleschote längs halbieren und das Mark auskratzen. Die Orange heiß abspülen, trocknen und mit einem Sparschäler 2 lange Stücke Schale dünn abschälen. Pfefferminze und Basilikum waschen, trocken schütteln, die Blättchen ablösen und fein hacken.

3 Sahne, Milch, Zucker und Vanilleschote mit dem -mark in einen Topf geben und langsam erhitzen. Kräuter und Orangenschale dazugeben und 10 Min. leise köcheln lassen. Die Sahnemasse durch ein Sieb wieder in den Topf gießen. Die Gelatine ausdrücken und in der heißen Flüssigkeit auflösen.

4 Die Masse auf die Gläser verteilen, abkühlen lassen und mindestens 4 Std. kalt stellen. Kurz vor dem Servieren die marinierten, abgetropften Pflaumen auf Holzspieße stecken. Den abgekühlten Sirup auf die Panna cotta gießen und mit den Pflaumenspießen servieren.

Tipp

Das sahnige Dessert ist in der hier vorgeschlagenen kleinen Portion nach einem Menü völlig ausreichend.

Schokovulkan mit Ingwer-Himbeeren

ZUBEREITUNG *45 Min.*

KÜHLZEIT *12 Std.*

FÜR *12 ofenfeste Gläser à 100 ml*

FÜR DIE SCHOKOTÖRTCHEN

150 g dunkle Schokolade (mit 70 % Kakaoanteil)

170 g Butter

6 Eier (Größe M)

170 g Zucker

40 g Mehl

etwas weiche Butter und Zucker für die Gläser

FÜR DIE HIMBEEREN

300 g frische Himbeeren (alternativ: TK)

2 cm frischer Ingwer

2 Päckchen Bourbon-Vanillezucker

1 Schokolade und Butter in einer Metallschüssel über einem Wasserbad bei schwacher Hitze langsam schmelzen. Dann den Herd ausschalten. Eier mit dem Zucker schaumig schlagen und unter die Schokolade rühren. Das Mehl darübersieben und mit einem Spatel vorsichtig unterheben.

2 Die Gläser mit Butter ausstreichen und mit etwas Zucker ausstreuen. Die Schokoladenmasse einfüllen; die Gläser über Nacht in das Tiefkühlgerät stellen.

3 Himbeeren verlesen und 100 g in eine hohe Schüssel geben. Ingwer schälen, in die Schüssel reiben, Vanillezucker dazugeben und alles mit einem Stabmixer fein vermischen. Die Masse durch ein Sieb streichen und vorsichtig mit den anderen Himbeeren mischen und in Schälchen füllen.

4 Kurz vor dem Servieren den Backofen auf 230° (Umluft 210°) vorheizen und die Gläschen mit der Schokoladenmasse im Ofen (Mitte) 8–10 Min. backen, bei dicken Gläsern etwas länger. Die Törtchen sollten nach dem Backen in der Mitte noch flüssig sein. Sofort mit den marinierten Himbeeren servieren.

Tipps

Nach einem kompletten Menü reicht als Dessert eine kleinere Portion. Dann füllen Sie Gläser mit 100 ml Inhalt mit Schokomasse.

Das Rezept lässt sich auch gut halbieren. Oder Sie lassen übrige Teiglinge gut verpackt bis zu einem Monat im Tiefkühlschlaf.

Kokos-Bananencreme auf Mango und Litschi

ZUBEREITUNG *20 Min.*
ABKÜHLZEIT *20 Min.*
FÜR *6 Gläser à 250 ml*

FÜR DIE CREME

2 mittelgroße, reife Bananen
500 ml Kokosmilch
4 EL Zucker
1 Päckchen Bourbon-Vanillezucker
Salz
100 ml Milch
1 EL Speisestärke
2 Eier
1/2 Bio-Limette
150 g eisgekühlte Sahne

FÜR DAS FRÜCHTEBETT

1 reife Mango
12 Litschis

ZUM ANRICHTEN

2 TL Pistazienkerne

1   Die Bananen schälen und in kleine Stücke schneiden. Die Kokosmilch mit Zucker, Vanillezucker, 1 Prise Salz und den Bananen in einem Topf aufkochen. Mit einem Stabmixer fein pürieren. Die Milch mit der Speisestärke und den Eiern in einer kleinen Schüssel verrühren und mit einem Schneebesen unter die Bananenmilch mengen. Rühren, bis die Masse zu kochen anfängt und Blasen wirft. Den Topf sofort vom Herd nehmen und die Masse durch ein Sieb streichen. Auskühlen lassen, dabei ab und zu umrühren, damit sich keine Haut an der Oberfläche bildet.

2   Die Mango mit einem Sparschäler schälen. Das Fruchtfleisch vom Stein schneiden, klein würfeln. Die Litschis schälen, entkernen und vierteln. Die Fruchtstücke in die Gläser füllen und kühl stellen.

3   Die abgekühlte Creme mit etwas Limettenschale und -saft abschmecken. Die Sahne steif schlagen und unter die Creme ziehen. In die Gläser füllen. Die Pistazien grob hacken und über die Creme streuen.

IM BILD
ZUBEREITUNG *25 Min.*
FÜR *1 hitzefestes Glas von 500 ml*

....

1 große Bio-Zitrone
200 g Zucker | 2 Eier (Größe M)
100 g Butter
Salz

Aroma-Tipp:

....

Probieren Sie auch mal die exotische Version und geben Sie zusätzlich 4 Kaffirlimettenblätter (Asia-Laden) dazu.

Lemon Curd

1. Die Zitrone heiß waschen, abtrocknen und die Schale fein abreiben. Den Saft auspressen. Zitronenschale und -saft mit Zucker, Eiern, Butter und 1 Prise Salz in ein sauberes, dickwandiges Einmach-, Marmelade- oder Joghurtglas geben.

2. Das Glas in einen Topf stellen und bis zur Glasmitte mit heißem Wasser auffüllen, zum Kochen bringen. Mit einem kleinen Schneebesen (Kochhandschuh anziehen!) die Zutaten im Glas gut vermischen. Nun fleißig rühren, bis das Wasser kocht. Bei mittlerer Hitze (das Wasser muss weiterköcheln) die Zitronenmasse rühren, bis eine cremige Masse entsteht. Das dauert 20–25 Min. Das Glas herausnehmen, abkühlen lassen, verschließen und im Kühlschrank aufbewahren. Gut verschlossen und gekühlt hält sich das Lemon Curd etwa 10 Tage.

ZUBEREITUNG *25 Min.*
FÜR *1 Springform von 28 cm Ø*

....

75 g Zucker | 3 Eier | Salz
100 g gesiebtes Mehl
2 TL Weinstein-Backpulver
4 EL neutrales Öl

AROMA-ZUTATEN *(jeweils eine auswählen)*
– Mark von 1/2 Vanilleschote
– Abrieb von 1/2 Bio-Zitrone oder Orange
– 1/2 TL Zimtpulver
– 1 EL Kakaopulver

Biskuitboden

1. Den Backofen auf 200° vorheizen. 4 EL kaltes Wasser, Zucker, Eier und 1 Prise Salz in einer Rührschüssel mit dem Handrührgerät schön schaumig schlagen. Das Mehl mit dem Backpulver darübersieben. Die ausgewählte Aroma-Zutat hinzugeben. Mit einem Spatel das Mehl zusammen mit dem Öl kurz unterheben.

2. Die Springform mit Backpapier auslegen und den Teig einfüllen. Im Ofen (Mitte) in 20 Min. goldgelb backen.

Register

Genuss für alle Sinne

Impressum

DIE AUTORIN

Christina Richon ist autodidaktische Köchin und Bäckerin mit Leib und Seele. 2002 wurde sie einem breiten Publikum als beste Hobbybäckerin Deutschlands bei »Kaffee oder Tee« (SWR) bekannt. 2005 wurde sie zur besten Hobbyköchin Deutschlands gekürt und erklomm gleichzeitig den »Koch-Olymp« der ARD. Außerdem entwickelt sie Rezepte für Restaurants und die Industrie und gibt Kochkurse.

DIE FOTOGRAFIN

Ulrike Holsten lebt in Hamburg und fotografiert mit Genuss für Werbeagenturen, Bücher, Zeitschriften und Magazine wie DER FEINSCHMECKER, für den sie bereits auch Kochbücher illustrierte. Mit ihrer Leidenschaft für Foodthemen, ihrem sehr klaren und dennoch stimmungsvollen Fotostil sowie dem feinen Gespür für die passende Lichtregie gibt sie einem jeden Thema einen individuellen Auftritt.

DIE FOODSTYLISTIN

Frauke Koops ist Produzentin und Autorin zahlreicher Kochbücher sowie als freie Foodstylistin tätig. Sie gilt in dieser Branche als Vorreiterin der professionellen Inszenierung von Food, wobei sie ihren persönlichen Stil der minimalistischen Interpretation entwickelte. Sie übersetzte u. a. für Magazine wie DER FEINSCHMECKER, BRIGITTE und das Magazin der SÜDDEUTSCHEN ZEITUNG das weite Spektrum an Farben und Formen in die kulinarische Welt. Frauke Koops lebt bei Hamburg, hat drei Söhne und sechs Enkelkinder.

© 2009 GRÄFE UND UNZER VERLAG GmbH, München

Alle Rechte vorbehalten. Nachdruck, auch auszugsweise, sowie Verbreitung durch Film, Funk, Fernsehen und Internet, durch fotomechanische Wiedergabe, Tonträger und Datenverarbeitungssysteme jeglicher Art nur mit schriftlicher Genehmigung des Verlages.

Programmleitung: Doris Birk
Leitende Redakteurin: Stephanie Wenzel
Lektorat: Adelheid Schmidt-Thomé
Korrektorat: Mischa Gallé
Fotografie: Ulrike Holsten
Assistenz Frau Rike Gössel
Foodstyling Titel: Petra Speckmann
Innenlayout, Typographie und Umschlaggestaltung: independent Medien-Design, München
Satz: Filmsatz Schröter, München
Herstellung: Renate Hutt
Reproduktion: Wahl Media GmbH, München
Druck: Firmengruppe APPL, aprinta druck, Wemding
Bindung: Firmengruppe APPL, m. appl GmbH, Wemding

Coverbild: Rote-Bete-Trilogie, S. 24

ISBN 978-3-8338-1653-6

1. Auflage 2009

GRÄFE
UND
UNZER

Ein Unternehmen der
GANSKE VERLAGSGRUPPE

DAS ORIGINAL · MIT GARANTIE
GU

Unsere Garantie

Alle Informationen in diesem Ratgeber sind sorgfältig und gewissenhaft geprüft. Sollte dennoch einmal ein Fehler enthalten sein, schicken Sie uns das Buch mit dem entsprechenden Hinweis an unseren Leserservice zurück. Wir tauschen Ihnen den GU-Ratgeber gegen einen anderen zum gleichen oder ähnlichen Thema um.

Liebe Leserin und lieber Leser,

wir freuen uns, dass Sie sich für ein GU-Buch entschieden haben. Mit Ihrem Kauf setzen Sie auf die Qualität, Kompetenz und Aktualität unserer Ratgeber. Dafür sagen wir Danke! Wir wollen als führender Ratgeberverlag noch besser werden. Daher ist uns Ihre Meinung wichtig. Bitte senden Sie uns Ihre Anregungen, Ihre Kritik oder Ihr Lob zu unseren Büchern. Haben Sie Fragen oder benötigen Sie weiteren Rat zum Thema? Wir freuen uns auf Ihre Nachricht!

Wir sind für Sie da!
Montag–Donnerstag: 8.00–18.00 Uhr; Freitag: 8.00–16.00 Uhr
Tel.: 0180-5 00 50 54*
Fax: 0180-5 01 20 54*
*(0,14 €/Min. aus dem dt. Festnetz/ Mobilfunkpreise können abweichen.)
E-Mail: leserservice@graefe-und-unzer.de

P.S.: Wollen Sie noch mehr Aktuelles von GU wissen, dann abonnieren Sie doch unseren kostenlosen GU-Online-Newsletter und/oder unsere kostenlosen Kundenmagazine.

GRÄFE UND UNZER VERLAG
Leserservice
Postfach 86 03 13
81630 München